평범한 우리 어린이들을 다음 세대
위인으로 만들어 줄 「교과서 위인 이야기」!
효리원의 「교과서 위인 이야기」는
초등학교 교과 과정에 나오는 국내외 위인들을,
우리나라 최고 아동 문학가 53인이 재미있게 동화로
구성했습니다. 지혜와 용기로 위대한 삶을 산
위인들의 이야기는, 어린이들의 마음속에
'나도 할 수 있다.'는 희망의 씨앗을
심어 줄 것입니다!

일러두기

1. 띄어쓰기와 맞춤법 : 초등학교 국어 교과서와 국립국어원의 『표준국어대사전』을 기준으로 하였습니다.

2. 외래어 지명과 인명 : 국립국어원의 『외래어 표기 용례집』을 기준으로 하였습니다.

3. 이해가 어려운 단어 : ( ) 안에 뜻풀이를 하였습니다.

4. 작가 연보 : 연도와 함께 나이를 표기하고, 업적을 간략히 소개하였습니다. 우리나라 위인은 태어난 해를 한 살로 하였고, 외국 위인은 만 나이를 한 살로 하였습니다. 정확한 자료가 없는 위인은 연도와 업적만을 나타냈습니다.

5. 내용 구성 : 위인의 삶은 역사적 자료를 바탕으로 최대한 사실적으로 구성하였습니다. 그러나 읽는 재미를 위해 대화 글이나 배경 묘사, 인물의 감정 표현 등에 작가의 상상력을 가미하였습니다.

6. 그림 구성 : 문헌을 바탕으로 위인이 살던 시대를 충실히 나타내도록 하되 복식의 색상이나 장식, 소품, 건물 등은 작가의 상상으로 그렸습니다.

7. 내용 감수 : 각 분야의 전문가들로 구성된 편집 위원들이 꼼꼼히 감수를 하였습니다.

편집 위원

김용만(우리역사문화연구소장)
교과서에서 만나는 위인들을 중심으로 일화와 함께 그림과 사진을 곁들여 지루하지 않게 읽을 수 있습니다. 술술 읽다 보면 학교 공부에도 많은 도움이 될 것입니다.

신현득(동시인, 전 새싹회 회장)
우리가 자주 듣고 접하는 역사 속 실존 인물들이 자신의 꿈을 이루기 위해 어떻게 노력했는지 깨달아 가면서 우리 어린이들은 한층 더 성숙해질 것입니다.

윤재운(동북아역사재단 연구 위원)
위인전을 읽으면서 어린이들은 시대를 넘어 간접 체험을 할 수 있습니다. 어떻게 살아야 하는지 인생에 대한 동기 부여와 함께 삶이 보다 풍요로워질 것입니다.

이은경(철학 박사, 전북과학대 유아교육학과 교수)
한 사람의 인격과 품성은 어릴 때 형성됩니다. 따라서 초등학교 저학년 때 어떤 책을 읽느냐에 따라 생각의 크기가 달라집니다. 어린이의 미래를 위해 이 책은 꼭 읽어야 합니다.

이창열(하버드 물리학 박사, 전 국가과학기술자문회의 전문 위원)
세상을 바꾼 위대한 인물의 이야기는 어린이의 인성 및 감성 발달에 큰 영향을 미칠 뿐 아니라 실험 정신과 개척 정신을 길러 줍니다. 용기와 지혜로 세상을 헤쳐 나가는 당당한 어린이를 꿈꾼다면 이 책은 꼭 한번 읽어 보아야 합니다.

정재도(한글학자)
위인으로 일컬어지는 이들은 어떤 생각을 하고, 어떤 삶을 살았을까요? 그들의 흔적을 담은 위인전은 복잡한 현대를 이끌어 갈 우리 어린이들에게 나침반과 같은 역할을 할 것입니다.

조수철(서울대학교 의과대학 소아정신과 교수)
위인전은 시대와 신분, 업적이 다른 위인들의 삶이 다양하고 흥미롭게 구성되어 있어 손쉽게 여러 삶의 모습을 만날 수 있습니다. 용기 있게 고난을 헤쳐 나간 위인의 이야기를 통해 삶의 지혜를 배울 수 있을 것입니다.

후삼국을 통일하고
고려를 세운 왕

왕 건

심상우 글 / 김태현 그림

 효 리 원
hyoreewon.com

위인 이야기는 실제 생존했던 인물에 대한 이야기이므로 특별한 감동을 줍니다. 상상으로 지어낸 이야기와는 또 다른 점이지요.

어린이들은 위인 이야기를 읽으면서 꿈과 희망을 갖게 됩니다.

위인도 어렸을 때는 보통 어린이와 다름이 없었다는 점도 알게 되고, 자기만의 장점을 살려 어떤 분야에서 커다란 역할을 하게 되었음을 알게 됩니다.

왕건은 어지러운 시대에 태어나 나라와 민족을 통일시키겠다는 꿈을 간직하며 살아갑니다. 같은 시대를 살았던 궁예나 견훤도 큰 뜻을 품고 나라를 세우지만, 결국 왕건에게 지고 맙니다.

무엇이 왕건을 승리자로 만들었을까요?

왕건은 사람을 아끼고 포용하는 마음이 누구보다도 깊었습니다.

이러한 점이 난세를 헤쳐 나갈 수 있는 원동력이 되었습니다. 왕건 이야기를 통해서 우리가 알아야 할 것은 바로 이런 부분입니다.

왕건은 진정한 힘과 용기로 후삼국을 통일하는 위업을 달성할 수 있었습니다. 그러한 힘과 용기는 어디에서 나왔을까요?

　　그것은 사람 사이의 믿음과 스스로 열정을 다해 노력하는 과정에서 생겨난 것입니다. 그는 어지러운 시대에 태어나 나라를 통일하고 겨레를 하나로 뭉치게 한 인물이었습니다.

　　이 책을 어린이가 읽기 전에 부모님과 선생님이 먼저 읽어 보시고, 어린이가 다소 어려워하는 역사적 배경과 상황을 이해하기 쉽도록 이야기해 주시면 좋겠습니다. 책을 다 읽은 뒤 어린이와 이야기를 나누는 것은 아주 훌륭한 독서 습관입니다. 이러한 습관을 갖게 되면 어린이는 스스로 생각하고 판단하는 힘을 기르게 되고, 다른 사람들의 생각과 의견을 포용하여 보다 폭넓은 사고를 하게 될 것입니다. 남다른 지혜와 지도력으로 신라와 후백제를 끌어안아 후삼국을 통일하고 마침내 고려의 첫 번째 왕이 된 왕건에게 우리 어린이들은 나라 통일의 지혜를 배울 수 있을 것이며, 나아가 삶의 지혜를 얻을 수 있을 것입니다.

우리나라는 5000년의 역사를 꿋꿋하게 이어 오고 있습니다. 그 오랜 세월 동안 우리 민족은 여러 차례 나누어졌다가 다시 합쳐지곤 했습니다. 세 나라로 나뉜 민족을 신라가 처음으로 통일해 통일 신라를 만들었지요. 그러나 통일 신라도 200여 년이 지나 망하게 되면서 세 나라로 갈라졌습니다.

그 갈라진 나라를 다시 하나로 통일한 인물이 바로 왕건입니다.

왕건은 신라가 통일할 때 잃어버린 고구려 땅을 되찾아야 한다는 뜻으로 나라 이름을 '고려'라고 지었습니다.

어지러운 시대에 태어나 나라를 통일하고 겨레를 하나로 뭉치게 한 왕건 같은 사람은 오늘날에도 꼭 필요한 인물이 아닐까요?

현재 우리나라도 남한과 북한으로 나뉘어 있습니다. 여러분들 가운데 왕건 같은 인물이 나와서 우리나라를 다시 하나로 통일시키면 참 좋겠습니다.

글쓴이 심상우

차례

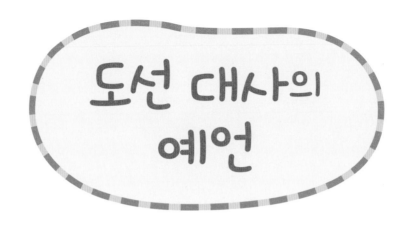

도선 대사의
예언

신라 말기에 세상은 무척 어지러웠습니다.

송악(지금의 개성)에서 한 부자가 새로 집을 짓고 있었습니다. 일꾼들은 땀을 뻘뻘 흘리며 짐을 져 날랐습니다.

"어허! 어찌하여 기장(곡물의 한 종류)을 심을 땅에 삼(인삼)을 심고 있을꼬?"

스님이 집 짓는 곳을 지나며 말했습니다.

이 말을 들은 집주인은 얼른 일어나서 스님을 뒤쫓아갔습니다.

"저, 스님! 잠깐 저 좀 보시지요."

스님은 뒤를 돌아보고는 합장을 했습니다.

"스님, 괜찮으시면 잠깐 저희 집으로 모시고 싶습니다."

스님은 집주인을 따라갔습니다.

사랑방에 마주 앉은 두 사람은 정식으로 인사를 나누었습니다.

"저는 저기 집을 짓고 있는 왕륭이라고 합니다."

"예, 소승은 도선이라고 합니다."

왕륭은 깜짝 놀랐습니다. 도선 대사라면 신라에서 가장 유명한 스님이었습니다. 도선 대사는 천문과 지리에 밝은, 아주 지혜로운 스님이라고 알려져 있었습니다.

"도선 대사님을 이렇게 뵙게 되어 영광입니다."

"소승도 귀한 분을 뵙게 되어 반갑습니다."

도선 대사는 왕륭과 이런저런 이야기를 나누다가 왕륭의 집에서 하룻밤 묵게 되었습니다.

이튿날 도선 대사는 왕륭에게 새 집을 짓고 있는 곳으로 가

자고 했습니다. 그러고는 지금 집을 짓는 곳에서 조금 떨어진 곳에 새로운 집터를 잡아 주었습니다.

"이곳에 집을 지으면 반드시 큰 인물이 태어날 것입니다."

"아, 어제 하신 말씀이 그 뜻이었군요."

도선 대사는 나중에 아들이 태어나면 이름을 '건'으로 지으라고 일러 주고는 왕륭과 헤어져 길을 갔습니다.

왕륭은 도선 대사의 말대로 새로 잡은 터에 집을 지었습니다. 새 집으로 이사 와서 열 달이 지나자 왕륭의 아내는 잘생긴 사내아이를 낳았습니다.

"부인, 도선 대사님 말씀대로 아주 잘생긴 사내아이요. 훌륭하게 잘 키워서 큰 인물이 되게 합시다."

"네, 그렇게 할게요."

부부는 기쁜 얼굴로 다짐하듯 말했습니다.

아이의 이름은 도선 대사가 일러 준 대로 '건'이라고 지었습니다. 이 아이가 바로 나중에 고려를 세우고 첫 번째 임금이 될 왕건이었습니다.

왕건은 세 살 때부터 글공부를 시작했습니다. 무척이나 총명해서 한 번 가르쳐 준 것은 잊지 않았을 뿐만 아니라 배우지 않은 것도 미루어 생각할 줄 알았습니다.

왕륭은 아들을 글공부만 잘하는 아이로 키우고 싶지 않았습니다. 그래서 열 살 때부터는 말타기, 활쏘기, 칼 다루는 법 같은 무술 공부도 시켰습니다.

왕건은 하루가 다르게 실력이 늘었습니다.

"저 아이는 앞으로 큰 인물이 될 거야!"

왕건의 모습을 지켜보던 마을 사람들은 누구나 이렇게 말했습니다.

왕건은 부모를 섬기는 마음도 남달랐습니다.

왕건이 이렇게 무럭무럭 자라고 있을 때, 신라는 점점 힘이 약해지고 있었습니다.

기울어져 가는 신라

신라의 진성 여왕은 서라벌 포석정에서 신하들과 어울려 춤과 놀이를 즐겼습니다.

한 신하가 임금에게 아뢰었습니다.

"상감마마, 나라를 돌보시옵소서."

그러면 진성 여왕은 버럭 화를 내며 그런 것은 상대등에게 말하라고 했습니다. 상대등은 신라에서 왕 다음으로 높은 벼슬아치입니다.

그러나 상대등도 백성들의 재물을 긁어모으는 데에만 정

신이 팔려 있었습니다. 그러니 나랏일을 제대로 돌볼 리 없었습니다.

"이러다가는 나라가 곧 망하고 말 걸세."

"암, 백성을 돌보지 않는 왕은 있으나마나야!"

백성들은 모였다 하면 임금을 원망했습니다.

그러한 때 신라의 이곳저곳에서 난리가 일어났습니다.

"상감마마, 북원(지금의 원주)에서 양길이라는 자가 난리를 일으켰습니다."

양길은 무리를 이끌고 관가로 몰려가 많은 재물을 빼앗아 갔습니다. 그러나 신라 조정에서는 북원까지 군사를 보낼 수가 없었습니다.

"상감마마, 이번에는 견훤이 완산주(지금의 전주)에서 관가를 쳐부수고 곡식과 돈을 훔쳐 갔다고 하옵니다!"

보고를 받은 진성 여왕은 눈물을 흘렸습니다.

"그대들은 어찌 나라가 이 지경이 되도록 그냥 보고만 있었단 말인가?"

이것은 사실 진성 여왕 자신에게 하는 말이기도 했습니다.

도둑의 무리는 자꾸만 늘어나면서 신라의 여러 곳을 차지했습니다.

양길의 세력은 무척 컸습니다. 그러나 북원성을 완전히 빼앗지는 못했습니다. 양길이 한창 북원성을 공격하려는 생각을 하고 있을 때였습니다.

"장군님, 소인에게 군사를 300명만 주시면 성을 빼앗겠습니다."

이렇게 말하며 나선 자가 있었습니다. 그는 키가 크고 용감해 보였습니다. 그런데 한쪽 눈을 다쳐 애꾸눈을 하고 있었습니다.

"네 이름이 무엇인가?"

숭의전 터 | 왕건의 위패를 모셔 놓은 사당으로, 경기도 연천군 미산면에 있습니다. 이곳에는 왕건뿐 아니라 혜종, 정종, 광종, 경종, 목종, 현종 등 일곱 임금의 위패가 모셔져 있습니다.

"궁예라고 하옵니다."

"좋다! 군사를 내어 줄 테니 반드시 성을 빼앗아라."

궁예는 양길이 내준 300명의 군사들을 이끌고 북원성으로 달려갔습니다. 궁예가 앞장서서 용감하게 싸우자 군사들도 힘을 내어 싸웠습니다. 북원성은 금세 무너졌습니다.

양길은 궁예에게 장수의 벼슬을 주었습니다. 그 이후에도 궁예는 많은 싸움에서 승리를 거두었습니다.

그러자 궁예를 따르는 군사들이 점점 많아졌습니다. 궁예는 철원성을 점령하고 아예 그곳에 자리를 잡았습니다. 이제 더 이상 양길의 부하로 살아가고 싶지 않았습니다.

궁예는 마침내 후고구려라는 나라를 세웠습니다.

이처럼 궁예의 세력이 자꾸만 커지자 신라 왕실에서는 걱정이 이만저만이 아니었습니다.

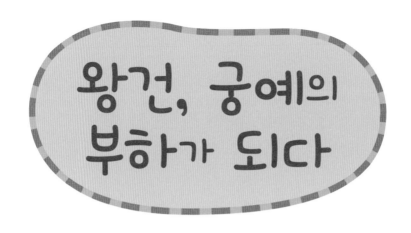

왕건, 궁예의 부하가 되다

　왕건이 열일곱 살이 되었을 때, 도선 대사가 왕륭의 집을 다시 찾아왔습니다.

　왕륭은 도선 대사에게 왕건을 인사시켰습니다.

　"오, 건이가 아주 늠름하게 자랐구나!"

　왕건은 아버지 왕륭에게 도선 대사 이야기를 자주 듣던 터였습니다.

　"건이를 제가 있는 절로 보내 주십시오. 소승이 몇 가지 가르쳐 줄 게 있습니다."

“예, 그렇게 하지요. 참으로 고맙습니다.”

왕건은 도선 대사를 따라가 절에서 2년 동안 공부를 했습니다. 천문, 지리, 병법은 물론 여러 가지 무술도 배웠습니다.

씩씩한 청년이 된 왕건은 도선 대사와 함께 집으로 돌아왔습니다.

왕륭과 도선 대사는 왕건의 앞날에 대해 이야기를 나누었습니다.

“궁예의 세력이 커지고 있으니 그의 부하로 들어가 앞날을 열어 가십시오.”

왕륭은 아들 왕건을 데리고 궁예를 찾아갔습니다.

“송악의 왕륭이 궁예 대장군께 인사드립니다.”

“어서 오십시오.”

궁예는 왕륭을 반갑게 맞이했습니다.

“대장군께 부탁이 하나 있습니다.”

“무엇입니까?”

“제 아들 건이를 대장군의 부하로 삼아 주십시오.”

궁예는 왕건의 무예를 시험해 보기로 했습니다.

"저기 소나무 가지 맨 끝에 달린 솔방울이 보이느냐?"

"예, 보입니다. 대장군님."

"활로 저 솔방울을 맞힐 수 있겠느냐?"

왕건은 활을 쏘아 솔방울을 정확히 맞혔습니다.

또한 왕건은 칼 잘 쓰는 장수와 칼싸움을 해서 당당히 이겼습니다.

"음, 뛰어난 장수로다. 오늘부터 너를 내 부하로 삼겠다."

궁예는 왕륭과 왕건에게 태수 벼슬을 내렸습니다. 왕륭은 금성 태수가 되었고, 왕건은 송악 성주가 되었습니다.

궁예는 크게 힘들이지 않고 송악을 얻은데다 왕건 같은 훌륭한 장수를 부하로 삼게 되어 매우 기뻤습니다.

왕륭은 궁예에게 또 한 가지 부탁을 했습니다.

"대장군님, 송악은 아주 좋은 땅이옵니다. 그러니 그곳으로 도읍을 옮기는 것이 어떻겠습니까?"

"그래요? 그렇다면 내가 한번 가 보겠습니다."

송악을 둘러본 궁예는 매우 마음에 들어 했습니다.

궁예는 왕건을 시켜 송악에 성을 쌓게 했습니다. 1년 만에 송악에는 튼튼한 성이 만들어졌습니다.

왕건이 성을 다 쌓았을 무렵 슬픈 소식이 전해졌습니다. 아버지 왕륭이 세상을 떠난 것입니다.

왕건은 너무나 슬펐습니다. 왕건은 곧바로 말을 타고 금성으로 달려갔습니다.

"아버님, 이게 어찌 된 일이옵니까? 소자, 아버님의 뜻을 받들어 아버님의 평생 소원을 이루어 드리겠습니다."

왕건은 돌아가신 아버지 앞에 엎드려 눈물로 맹세를 했습니다.

궁예는 송악으로 도읍을 옮겼습니다.

궁예의 세력은 이제 신라보다 더 커졌습니다.

어느 날 왕건이 궁예 앞으로 나아가 아뢰었습니다.

"소장 왕건이 대장군께 아뢰옵니다. 저에게 군사 1,000명을 주시면 수군으로 훈련시켜 검개(지금의 김포), 혈구(지금의 강화)를 쳐서 대장군의 땅으로 만들겠습니다.”

“좋다. 부디 승리를 거두고 돌아오라.”

그날부터 왕건은 군사들을 날랜 수군으로 훈련시켰습니다. 그리고 왕건은 수군을 이끌고 예성강을 타고 내려가면서 검개, 혈구를 차례로 공격했습니다. 그곳을 지키고 있던 신라의 장수들은 왕건의 군사가 나타나면 도망치기 바빴습니다.

왕건은 항복하는 군사들은 모두 용서해 주었습니다. 또한 관가에서 보관하고 있던 식량을 풀어 백성들에게 나누어 주었습니다. 백성들은 그런 왕건을 좋아했습니다.

왕건이 송악으로 돌아오자 궁예는 그를 위해 잔치를 크게 베풀어 주었습니다.

“오늘은 마음껏 마시고 신나게 즐기도록 하라!”

궁예는 기분이 아주 좋았습니다. 왕건이 스스로 나서서 영토를 엄청나게 넓혀 주었기 때문이었습니다.

궁예는 왕건에게 정기대감이라는 높은 벼슬을 내리고 그 공을 칭찬했습니다.

궁예가 영토를 크게 넓혔다는 소식은 양길
에게도 전해졌습니다.

"애꾸눈 궁예가 세력을 크게 키웠다고? 내

당장 궁예의 목을 베리라!"

양길은 군사를 잔뜩 이끌고 송악으로 향했습니다.

"양길이 오고 있다. 누가 나서겠는가?"

그러자 왕건이 선뜻 나섰습니다.

"대장군님! 제가 양길을 쳐부수겠습니다."

왕건은 군사를 이끌고 싸움터로 나갔습니다. 왕건의 군사들은 무척 용감하게 싸웠습니다. 양길의 군사들은 왕건의 군사들을 당해 낼 수가 없었습니다.

왕건의 군사들은 양길의 군사들을 거의 다 해치웠습니다. 마지막으로 궁예가 나서서 양길과 맞붙었습니다. 양길은 외마디 비명을 지르며 말에서 굴러 떨어졌습니다.

싸움은 궁예의 일방적인 승리로 끝났습니다.

그 뒤, 궁예는 정식으로 나라를 세우고 임금이 되었습니다. 나라 이름은 '후고구려'라 하고, 철원에 도읍을 정했습니다.

궁예보다 한 해 먼저, 견훤이 완산주에 후백제를 세우고 임금이 되어 있었습니다.

임금이 된 궁예는 백성을 사랑했으며, 어질고 현명하게 나
랏일을 돌보았습니다. 3년 뒤 궁예는 나라 이름을 '마진'이라
고 고쳤습니다.

그러던 어느 날, 왕건이 궁예에게 군사를 청했습니다.

"대왕마마! 소신에게 군사 1,000명을 주시면 평양 주변의
성들을 우리 영토로 만들겠사옵니다."

"오, 그래? 좋다. 당장 군사를 내어 줄 테니 출정하도록 하
라. 음하하하!"

궁예는 왕건에게 흔쾌히 군사를 내주었습니다.

버들꽃 아가씨

　왕건은 군사를 이끌고 평양으로 향했습니다. 풍덕을 지날 즈음 날이 저물었습니다. 왕건은 군사들의 저녁밥을 부탁하기 위해 마을로 내려갔습니다.

　마을 어귀 우물에 이르자 어떤 아가씨가 물을 긷고 있었습니다.

　"목이 마른데 물 한 모금 얻어 마실 수 있겠소?"

　"……."

　그러자 아가씨는 아무 말 없이 손을 뻗어 버들잎을 땄습니

다. 그러고는 물바가지에 띄워 왕건에게 건넸습니다.

목이 몹시 말랐던 왕건은 급히 물을 마시려 했으나 버들잎이 입에 걸려 천천히 마실 수밖에 없었습니다.

물을 다 마시고 나서 왕건이 아가씨에게 물었습니다.

"그런데 왜 물바가지에 버들잎을 띄운 것이오?"

"장군께서 몹시 목이 마르신 듯해서, 급하게 마시다 체하실까 봐 그리 했습니다."

아가씨의 대답을 들은 왕건은 속으로 감탄을 했습니다.

'아, 참으로 속이 깊은 아가씨로구나!'

왕건은 아가씨의 얼굴을 다시 한 번 쳐다보았습니다.

산골 마을에 사는 아가씨치고는 어딘지 모르게 기품이 있어 보이고, 얼굴 또한 아름다웠습니다.

"낭자는 이 마을에 사시오?"

"예."

아가씨는 수줍어 하면서도 또렷한 목소리로 대답했습니다.

"낭자의 이름은 뭐요?"

"유화입니다. '버들꽃'이라는 뜻입니다."

"유화, 버들꽃이라! 참으로 아름다운 이름이오."

"그리 말씀해 주시니 감사합니다."

왕건은 빈 바가지를 돌려주면서 아가씨 얼굴을 다시 한 번 찬찬히 뜯어보았습니다. 자신의 가슴이 콩닥거리고 있음이 느껴졌습니다. 왕건은 버들꽃 아가씨에게 첫눈에 반한 것입니다.

왕건은 평소에 수천 명을 호령하는 장군으로, 그 누구보다 용기 있는 대장부였지만 버들꽃 아가씨의 맑은 눈을 마주 대하자 어찌 해야 좋을지 몰랐습니다.

왕건은 용기를 내어 버들꽃 아가씨의 집을 찾아갔습니다.

"소장은 후고구려의 장군 왕건이라고 하옵니다. 처음 뵙는데 어려운 부탁을 하나 드려도 될지 모르겠습니다."

왕건이 인사를 하며 말을 꺼내자 집주인은 깜짝 놀라며 반가워했습니다.

"아이고, 왕 장군께서 저희 집을 찾아 주시다니, 크나큰 영

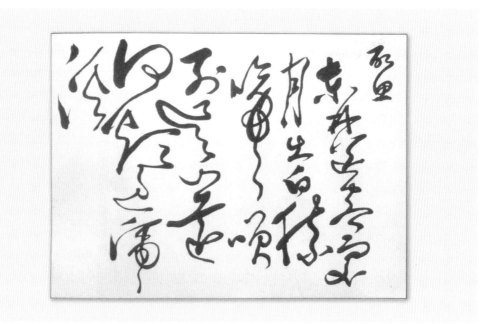

왕건의 친필 | 고려 태조 왕건이 직접 쓴 글씨입니다.

광입니다! 이 늙은이는 천궁이라고 합니다. 이곳에서 오랫동안 살았으며, 장군의 부친인 왕 태수 어른과 오래전부터 알고 지냈습니다."

"아! 그러셨습니까?"

왕건은 아버지 왕륭을 알고 있는 노인을 만나게 되어 반가웠습니다.

"노인장께 한 가지 부탁을 드리겠습니다. 마을 사람들에게 부탁해서 군사들의 저녁밥을 좀 지어 주셨으면 합니다. 쌀은 많이 가지고 있으니 밥만 지어 주시면 됩니다."

"아, 그런 일이라면 염려하지 마십시오. 왕 장군을 위해서라면 마을 사람들이 기꺼이 나설 것입니다."

"감사합니다."

"여봐라, 게 누구 없느냐?"

노인은 하인들을 불러 마을 사람들에게 왕 장군의 부탁을 전하라고 일렀습니다.

조금 뒤 마을 사람들이 몰려와 천궁 노인의 집은 마치 잔칫집처럼 북적거렸습니다. 군사들은 마을 사람들이 지어 준 따뜻한 밥을 먹고 마을 앞에서 편안하게 진을 쳤습니다.

밤이 되자 천궁 노인은 별채에 있는 딸에게로 갔습니다.

"유화야, 오늘 우리 집에 온 분은 왕륭 태수의 아들 왕건 장군이란다. 내가 그동안 수많은 젊은이를 보아 왔지만, 왕건 장군만큼 빼어난 인물은 없었다. 왕건 장군은 영웅의 기백이 넘치는 사람이야. 너와 맺어 주고 싶은데, 네 생각은 어떠하

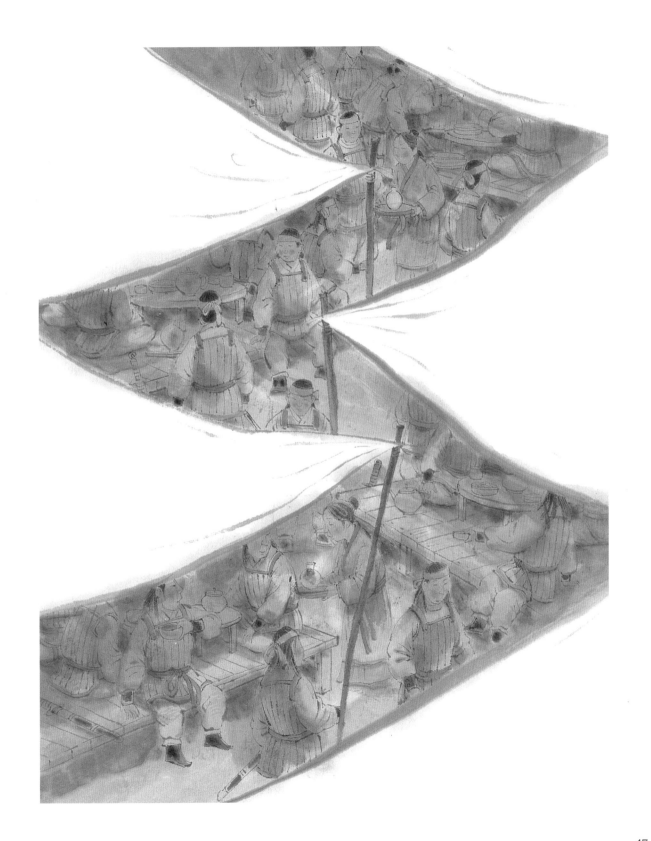

냐?"

버들꽃 아가씨는 얼굴을 붉히며 고개를 숙였습니다.

"아버님, 사실은요……."

그러고는 아까 낮에 버드나무 우물가에서 왕건 장군을 만나 잠시 이야기를 나누었다는 말을 차근차근 했습니다.

천궁 노인은 그 모습을 보고는 딸이 말은 안 해도 왕건을 좋아하고 있다는 것을 알아차렸습니다.

천궁 노인은 사랑채로 건너와 왕건과 마주 앉았습니다.

"왕 장군께 물어보고 싶은 말이 있습니다."

"예, 말씀하시지요."

천궁 노인은 조심스럽게 입을 열었습니다.

"왕 장군께서는 혼인을 하셨는지요?"

"아직 하지 못했습니다. 열아홉 살 때부터 전쟁터만 쫓아다니다 보니 이렇게 됐습니다."

"올해 몇이신지요?"

"스물아홉입니다."

왕건은 쑥스럽게 웃으며 대답했습니다.

"오늘 장군께서는 버드나무 우물가에서 어떤 낭자를 만나셨지요?"

"예, 급히 물을 마시다 체할까 봐 버들잎을 띄워 준, 아주 생각이 깊은 낭자였습니다."

그러자 천궁 노인은 밝은 얼굴로 말했습니다.

"그 아이가 바로 소인의 딸이랍니다. 혹시 왕 장군께서 그 아이를 밉게 보지 않으셨다면, 혼인을 하시는 게 어떻겠습니까? 그렇게만 된다면 이 늙은이는 큰 영광으로 알겠습니다."

왕건은 자기가 청혼을 할 생각이었는데, 천궁 노인이 먼저 혼인 이야기를 꺼내 주어서 기뻤습니다.

"좋습니다. 저도 따님을 좋아하니 장가를 들겠습니다. 내일 하루 더 머물면서 혼례를 치르겠습니다."

"알겠습니다. 준비를 하도록 하겠습니다!"

다음 날, 천궁 노인의 집에서는 마을이 떠나갈 듯 성대한

51

잔치가 벌어졌습니다.

왕건의 군사들과 마을 사람들은 한데 어울려 잔치를 준비하고, 축하의 인사를 하며 춤을 추고 노래를 불렀습니다.

"우리 대장님은 정말 대단한 분이셔."

"신랑이 참 잘생겼네!"

"신부도 꽃처럼 아름답구려!"

왕건의 군사들과 마을 사람들은 신랑 신부를 칭찬하느라 입을 다물 새가 없었습니다.

왕건은 버들꽃 아가씨와 꿈같은 첫날밤을 보냈습니다.

이튿날, 왕건은 이제 아내가 된 버들꽃 아가씨를 풍덕에 남겨 두고 평양으로 떠났습니다.

"혼인을 하자마자 이렇게 헤어지게 돼 미안하구려."

"괜찮습니다. 제 걱정은 마시고 부디 몸조심하세요. 저는 서방님께서 큰일을 이루시고 저를 부르실 때까지 친정에서 기다리고 있겠습니다."

"고맙소. 이번 싸움에서 승리하고 송악으로 돌아가면 내 반

드시 부인을 부르리다."

"예, 알겠습니다, 서방님."

왕건은 평양 땅을 빼앗고, 신라가 차지하고 있던 10여 개 성을 손에 넣은 뒤에야 아내를 송악으로 부를 수 있었습니다.

왕건, 고려를 세우다

궁예가 임금이 된 지 4년이 지났습니다. 그동안 왕건을 비롯한 여러 장수들이 숱한 전쟁터에 나가 후고구려의 땅을 아주 크게 넓혀 놓았습니다.

이렇게 해서 후고구려 땅은 신라보다도 더 넓어졌습니다.

궁예는 왕이 되고서 몇 년 동안은 어질게 나랏일을 돌보았습니다. 그러다가 차츰 온갖 사치를 부리며 백성들을 못살게 굴기 시작했습니다. 게다가 궁예는 자기 자신 말고는 아무도 믿지 않게 되었습니다.

궁예는 자기 마음에 들지 않는 신하는 함부로 죽였습니다.

"임금이 미쳐 가고 있다! 미치지 않고서는 저럴 수가 없어. 안 그래?"

궁예는 바른 정치를 하라고 간청하는 왕비와 두 아들도 죽이고 말았습니다. 그러자 백성들은 임금을 미워했습니다. 신하들도 임금을 겁내며 미워했습니다.

궁예는 나라에 큰 공을 세운 왕건에게 '시중'이라는 벼슬을 내렸습니다. 하지만 언젠가부터 왕건까지도 의심을 하기 시작했습니다.

어느 날 밤, 신숭겸, 복지겸, 홍유, 배현경 장군이 왕건을 찾아왔습니다.

"왕 시중! 지금 임금은 제정신이 아닙니다. 임금으로서 해서는 안 될 일을 저지르고 있습니다. 왕비와 왕자까지 죽였으니, 신하들은 언제 어디서 죽을지 모를 일입니다. 그래서 우리 모두 왕 시중을 새 임금으로 받들기로 마음을 굳혔습니다. 나라의 앞날을 위해 왕 시중은 부디 우리의 뜻을 받아 주

십시오."

　버들꽃 부인도 갑옷과 칼을 챙겨 주며 나라를 위해 나서라고 했습니다.

　왕건이 마침내 입을 열었습니다.

　"좋습니다. 나라의 모든 백성을 구하는 일이니 내가 나서겠소!"

왕건은 네 장군의 손을 굳게 잡았습니다.

군사들이 대궐을 에워쌌습니다. 궁예는 옷도 제대로 챙겨 입지 못하고 허둥지둥 도망을 쳤습니다.

"왕 시중 만세! 새 임금 만세!"

군사들과 백성들은 함께 어울려 만세를 불렀습니다.

대궐에서 쫓겨난 궁예는 산속으로 도망쳤습니다. 며칠 동안 산속을 헤매며 짐승처럼 숨어서 지냈습니다.

그러다가 화전민(산간 지대에서 풀과 나무를 불사르고 그 자리를 일구어 농사를 짓는 사람)에게 들켜 맞아 죽었습니다.

궁예가 세운 후고구려는 17년 만에 이렇게 막을 내리고 말았습니다.

왕건은 새로운 나라를 세웠습니다. 나라 이름은 '고려'라고 하고, 고려의 첫 임금인 태조가 되었습니다. 모든 백성들이 왕건을 좋아했습니다.

왕건은 도읍을 철원에서 송악으로 옮겼습니다.

송악 사람들은 왕건을 반갑게 맞아 주었습니다.

왕건 초상화 | 왕건의 위패를 모신 숭의전에 걸려 있는 왕건의 영정입니다.

"이제부터 짐(임금이 자기 자신을 일컫는 말)은 불교를 고려의 국교로 삼겠소. 그리고 북쪽으로 영토를 넓히겠소."

어느 날, 신라에서 고려에 사신을 보내왔습니다.

"대왕께서 고려를 세우신 것을 축하드립니다. 이제 고려가 우리 신라와 사이좋게 지냈으면 합니다."

왕건은 신라의 사신을 정중하게 맞이했습니다. 그리고 왕건 역시 신라에 사신을 보냈습니다.

이 소식이 후백제의 견훤에게 전해졌습니다.

견훤은 고려의 영향력 아래 있던 조물성(지금의 안동)을 공격했습니다. 그러나 시간이 지나도 승부는 쉽게 나지 않았습니다.

견훤은 고려가 무척 강하다는 것을 알게 되었습니다. 그래서 사신을 보내 친하게 지내고 싶다는 뜻을 전했습니다. 친하게 지내는 증거로 견훤은 조카인 진호 장군을 고려로 보내고, 왕건은 사촌 동생 왕신을 후백제에 보내기로 했습니다.

그런데 볼모로 간 진호 장군이 고려에서 병으로 죽었습니다. 이 소식을 들은 견훤은 크게 화를 냈습니다.

"볼모를 죽이다니! 약속을 지키지 않는 고려 놈들! 당장 고려를 쳐라!"

견훤은 군사를 일으켜 고려의 웅진성(지금의 공주)을 공격했습니다. 그러나 웅진성에서는 방어만 할 뿐 공격을 하지 않았습니다. 고려는 후백제 군사들이 지치기를 기다리고 있었던 것입니다.

이듬해 봄, 드디어 왕건이 명령을 내렸습니다.

"총공격하라! 후백제를 쳐라!"

큰 싸움이 벌어졌습니다. 이 싸움에서 왕건은 큰 승리를 거두었습니다.

신라 경애왕은 왕건이 후백제를 이긴 것을 축하하기 위해 왕건을 신라의 수도 서라벌로 초청했습니다.

경애왕은 왕건에게 큰 잔치를 열어 주었습니다.

이 소식을 들은 후백제의 견훤은 크게 화를 냈습니다.

"신라와 고려가 어울리는 꼴을 더는 봐줄 수 없다!"

그해 가을, 견훤은 서라벌로 쳐들어갔습니다. 경애왕은 포석정에서 신하들과 술잔치를 벌이고 있었습니다.

"견훤이 쳐들어왔다!"

"도망가자!"

술잔치를 하던 신하들은 도망가기 바빴습니다.

경애왕과 왕비는 후백제 군사들에게 붙잡히고 말았습니다.

경애왕은 견훤이 던져 준 칼로 스스로 목숨을 끊어야 했습니다.

견훤은 문성왕의 아들 김부를 신라의 새 왕으로 세웠습니다. 김부는 경순왕이라 불렸습니다.

이 소식을 들은 고려 왕건은 곧바로 신라에 지원군을 보냈습니다.

고려의 군사와 후백제의 군사는 달구벌(지금의 대구) 근처 동수 골짜기에서 마주쳤습니다.

이 싸움에서 고려의 군사는 견훤의 꾀에 속아 넘어가 크게 지고 말았습니다.

후삼국을 통일하다

　동수 골짜기에서 견훤에 패한 왕건은 눈물을 흘리며 다짐 했습니다.

　'내 반드시 후백제를 쳐부수고야 말겠다!'

　왕건은 싸움 준비를 단단히 하고 병산에 진을 쳤습니다.

　견훤은 석산에 진을 쳤습니다.

　한 달쯤 지나 큰 싸움이 벌어졌습니다. 고려 군사들은 동수 골짜기에서 패했던 기억을 떠올리며 더욱 열심히 싸워 결국 후백제를 크게 이겼습니다.

후백제는 이제 고려의 상대가 되지 못했습니다.

한편, 견훤에게는 왕자가 아홉 명이나 있었습니다. 견훤은 이들 가운데 넷째인 금강 왕자에게 임금 자리를 물려주고 싶어 했습니다. 그러자 이를 눈치챈 큰아들 신검 왕자가 난을 일으켰습니다.

신검 왕자는 아버지 견훤을 임금 자리에서 내쫓고 스스로 임금이 되었습니다.

아들에게 쫓겨난 견훤은 고려의 왕건을 찾아가 항복의 뜻을 밝혔습니다. 왕건은 견훤을 잘 대접했습니다.

이 소식을 들은 신라 경순왕은 나라를 왕건에게 바쳤습니다. 싸우지 않고 신라를

얻은 왕건은 후백제를 쳐서 항복을 받아 냈습니다. 견훤이 없는 후백제는 쉽게 무너졌습니다.

왕건은 마침내 후삼국(후고구려, 통일 신라, 후백제)이라 불리는 세 나라를 통일했습니다. 이때 왕건의 나이 예순 살이었습니다. 200여 년 전, 신라가 고구려와 백제를 통일했다가 나뉘었던 것을 다시 통일한 것입니다.

한반도를 통일한 왕건은 신하들에게 말했습니다.

"백성들을 모두 한마음으로 아끼며 보살펴 주어야 하오."

평화가 깃든 고려는 나날이 발전했습니다.

왕건은 후손들에게 나라를 다스리는 열 가지 교훈을 남겼습니다. 이것을 '훈요 10조'라고 합니다.

왕건은 후삼국을 통일해 7년 동안 다스리다가 943년 예순일곱 살의 나이로 세상을 떠났습니다.

태조 왕건은 어지러운 시대에 태어나 나라를 통일하고 겨레를 하나로 뭉치게 했던 큰 인물로, 오늘날까지도 많은 사람들에게 존경을 받고 있습니다. ✿

연 대	발 자 취
877년(1세)	송악(지금의 개성)에서 태어나다.
881년(5세)	집에 선생을 두고 학문과 무예를 익히기 시작하다.
893년(17세)	도선 대사에게 학문과 무예를 배우다.
895년(19세)	무예와 병법을 많이 익히다. 아버지 왕륭과 함께 궁예를 찾아가 부하가 되다.
896년(20세)	왕륭은 금성 태수, 왕건은 송악 성주가 되다.
898년(22세)	송악에 산성을 쌓다. 아버지 왕륭이 세상을 떠나다.
899년(23세)	신라와의 전투에서 승리하다.
900년(24세)	양길과 싸워서 크게 승리하다. 궁예가 금강 지역에서부터 평안도와 황해도까지 세력을 넓히다.
901년(25세)	왕건의 도움으로 궁예가 후고구려를 세우다.
903년(27세)	수군을 이끌고 금성을 점령하다.
905년(29세)	유화 아가씨를 만나 혼인하다.
906년(30세)	상주 시화진에서 견훤을 물리치다.
910년(34세)	나주에서 견훤과 싸워 크게 이기다.
913년(37세)	시중 벼슬을 하다. 궁예가 정치를 포악하게 하자 백성들의 마음이 왕건에게 쏠리기 시작하다.
918년(42세)	배현경, 복지겸, 신숭겸, 홍유 등의 추대로 임금이 되다. 나라 이름을 '고려', 연호를 '천수'라 하다.
919년(43세)	도읍을 철원에서 송악으로 옮기다. 융화, 북진, 불교를 숭상하는 정책을 펴다.
927년(51세)	후백제 견훤과 동수 골짜기에서 싸워 크게 패하다.
930년(54세)	후백제의 고창으로 쳐들어가 30여 성을 빼앗다. 후백제의 세력이 약해지다.
935년(59세)	금산사에 갇혀 있던 견훤이 탈출해 항복하다. 신라 멸망하다.
936년(60세)	후백제로 쳐들어가 신검을 사로잡다. 후백제 멸망하다. 후삼국을 통일하다. 『정계』1권과 『계백료서』8권을 지어 널리 읽히다.
943년(67세)	후손들에게 '훈요 10조'를 남기고 5월에 세상을 떠나다.

읽으며 생각하며!

1. 열일곱 살이 된 왕건을 절로 데려가 2년 동안 공부를 시킨 사람은 누구인가요?

2. 다음 빈칸에 공통으로 들어갈 나라 이름은 무엇인가요?

궁예가 세운 후고구려는 17년 만에 이렇게 막을 내리고 말았습니다.

왕건은 새로운 나라를 세웠습니다.

나라 이름은 '(   )'라고 하고, (   )의 첫 임금인 태조가 되었습니다.

모든 백성들이 왕건을 좋아했습니다.

왕건은 도읍을 철원에서 송악으로 옮겼습니다.

송악 사람들은 왕건을 반갑게 맞아 주었습니다.

3. 왕건이 남긴 '나라를 다스리는 열 가지 교훈'을 무엇이라고 하나요?

4. 후고구려를 세운 궁예는 다음과 같이 행동했습니다. 다음 글을 읽고 나라를 다스리는 사람이 꼭 갖추어야 할 것이 무엇인지 생각해 보세요.

궁예는 왕이 되고서 몇 년 동안은 어질게 나랏일을 돌보았습니다. 그러다가 차츰 온갖 사치를 부리며 백성들을 못 살게 굴기 시작했습니다. 게다가 궁예는 자기 자신 말고는 아무도 믿지 않게 되었습니다.

궁예는 자기 마음에 들지 않는 신하는 함부로 죽였습니다.

5. 왕건의 아버지는 왕건에게 글공부뿐 아니라 말타기, 활쏘기 같은 무술 공부도 시켰습니다. 여러분도 성공하려면 공부만 해서는 안 된다고 생각하나요? 자신의 생각을 표현해 보세요.

6. 다음 글에서와 같이 신라의 진성 여왕은 나라를 돌보지 않고 춤과 놀이를 즐겼습니다. 그리고 신하들도 재물을 모으는 데만 신경을 썼습니다. 결국 신라는 경순왕 때 적의 공격을 받아 무너지고 맙니다. 이런 사실에서 느낀 점은 무엇인가요?

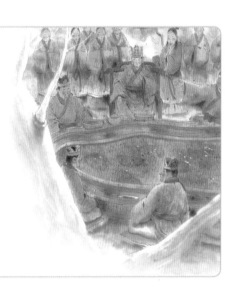

신라의 진성 여왕은 서라벌 포석정에서 신하들과 어울려 춤과 놀이를 즐겼습니다.

한 신하가 임금에게 아뢰었습니다.

"상감마마, 나라를 돌보시옵소서."

그러면 진성 여왕은 버럭 화를 내며 그런 것은 상대등에게 말하라고 했습니다. 상대등은 신라에서 왕 다음으로 높은 벼슬아치입니다.

그러나 상대등도 백성들의 재물을 긁어모으는 데에만 정신이 팔려 있었습니다. 그러니 나랏일을 제대로 돌볼 리 없었습니다.

7. 다음과 같은 왕건의 행동에서 떠오르는 단어는 무엇이고, 그 단어가 떠오른 이유는 무엇인지 써 보세요.

그날부터 왕건은 군사들을 날랜 수군으로 훈련시켰습니다.

그리고 왕건은 수군을 이끌고 예성강을 타고 내려가면서 검개, 혈구를 차례로 공격했습니다.

그곳을 지키고 있던 신라의 장수들은 왕건의 군사가 나타나면 도망치기 바빴습니다.

왕건은 항복하는 군사들은 모두 용서해 주었습니다.

또한 관가에서 보관하고 있던 식량을 풀어 백성들에게 나누어 주었습니다. 백성들은 그런 왕건을 좋아했습니다.

풀이

1. 도선 대사

2. 고려

3. 훈요 10조

4. 예시 : 나라를 잘 이끌겠다는 생각을 끝까지 잊지 말아야 한다. 그러기 위해서는 주변에 자신의 행동이 올바른지 이야기해 주는 사람들이 있어야 한다. 그리고 마음대로 결정하지 못하도록 하는 제도도 필요하다. 큰일을 하는 사람일수록 마음대로 하기보다 다른 사람의 말에 귀를 기울여야 하기 때문이다. 그러면 더 좋은 결정을 내릴 수 있다. 궁예도 바른길로 이끄는 사람을 많이 두었다면 마음대로 행동하거나 횡포를 부리지 못했을 것이다.

5. 예시 : 공부만 잘해서는 성공할 수 없다고 생각한다. 세상에 관심을 가지고 다른 사람들도 돌아보아야 한다. 여러 가지 일에 경험이 많아야 무슨 일을 하든 더 깊이 이해하고 문제를 빨리 해결할 수 있으니 방에 앉아 공부만 하기보다 많은 경험을 해야 한다. 또 부드러운 마음씨와 훌륭한 인격을 갖추기 위해서는 책도 많이 읽고 사람들과 어울려야 한다.

6. 예시 : 나라를 바르게 다스리려면 높은 사람부터 모범을 보여야 한다는 생각이 들었다. 왕이 옳은 행동을 하지 않으면 신하들도 마음이 해이해져 나쁜 짓을 하게 된다. 온 정성을 들여 백성을 보살펴도 모자란데, 다른 짓을 하고 나랏일을 돌보지 않는다면 적들의 공격을 받는 것은 당연할 것이다.

7. 예시 : '너그럽다'라는 단어가 떠오른다. 너그럽다는 것은 마음이 넓다는 뜻이다. 적을 해치기보다는 용서하고 받아들인 행동이 너그럽다고 느껴졌다. 또 군사를 이끌고 공격해 온 나라의 백성을 불쌍하게 여긴 것도 아무나 할 수 있는 일이 아니다. 보통 사람이었다면 백성들이 맞서 싸우려 할까 봐 감시하고 난폭하게 대했을 것이다. 너그러운 마음이 없다면 그런 행동은 할 수 없었을 듯하다.

역사 속에 숨은 위인을 만나 보세요!

상단 (한국사 위인)

- 광개토태왕 (374~412)
- 연개소문 (?~666)
- 을지문덕 (?~?)
- 김유신 (595~673)
- 대조영 (?~719)
- 장보고 (?~846)
- 왕건 (877~943)
- 강감찬 (948~1031)
- 최무선 (1328~1395)
- 황희 (1363~1452)
- 세종대왕 (1397~1450)
- 장영실 (?~?)
- 신사임당 (1504~1551)
- 이이 (1536~1584)
- 허준 (1539~1615)
- 유성룡 (1542~1607)
- 한석봉 (1543~1605)
- 이순신 (1545~1598)
- 오성과 한음 (오성 1556~1618 / 한음 1561~1613)

주요 사건

- 고조선 건국 (B.C. 2333)
- 철기 문화 보급 (B.C. 300년경)
- 고조선 멸망 (B.C. 108)
- 고구려 불교 전래 (372)
- 신라 불교 공인 (527)
- 고구려 살수 대첩 (612)
- 신라 삼국 통일 (676)
- 대조영 발해 건국 (698)
- 장보고 청해진 설치 (828)
- 견훤 후백제 건국 (900)
- 궁예 후고구려 건국 (901)
- 왕건 고려 건국 (918)
- 귀주 대첩 (1019)
- 윤관 여진 정벌 (1107)
- 고려 강화로 도읍 옮김 (1232)
- 개경 환도, 삼별초 대몽 항쟁 (1270)
- 문익점 원에서 목화씨 가져옴 (1363)
- 최무선 화약 만듦 (1377)
- 조선 건국 (1392)
- 훈민정음 창제 (1443)
- 임진왜란 (1592~1598)
- 한산도 대첩 (1592)
- 허준 동의보감 완성 (1610)
- 병자호란 (1636)
- 상평통보 전국 유통 (1678)

시대 구분 (상)
B.C. 선사 시대 및 연맹 왕국 시대 | A.D. 삼국 시대 | 698 남북국 시대 | 918 고려 시대 | 1392

연대
B.C. 2000 500 400 300 100 0 300 500 600 800 900 1000 1100 1200 1300 1400 1500 1600

시대 구분 (하)
B.C. 고대 사회 | A.D. 375 중세 사회 | 1400

하단 (세계사)

- 중국 황하 문명 시작 (B.C. 2500년경)
- 인도 석가모니 탄생 (B.C. 563년경)
- 알렉산더 대왕 동방 원정 (B.C. 334)
- 크리스트교 공인 (313)
- 게르만 민족 대이동 시작 (375)
- 로마 제국 동서로 분열 (395)
- 수나라 중국 통일 (589)
- 수 멸망 당나라 건국 (618)
- 이슬람교 창시 (610)
- 러시아 건국
- 거란 건국 (918)
- 송 태종 중국 통일 (979)
- 제1차 십자군 원정 (1096)
- 테무친 몽골 통일 칭기즈 칸이 됨 (1206)
- 원 제국 성립 (1271)
- 원 멸망 명 건국 (1368)
- 잔 다르크 영국군 격파 (1429)
- 구텐베르크 금속 활자 발명 (1450)
- 코페르니쿠스 지동설 주장 (1543)
- 도요토미 히데요시 일본 통일 (1590)
- 독일 30년 전쟁 (1618)
- 영국 청교도 혁명 (1642~1649)
- 뉴턴 만유인력의 법칙 발견 (1665)

- 석가모니 (B.C. 563?~B.C. 483?)
- 예수 (B.C. 4?~A.D. 30)
- 칭기즈 칸 (1162~1227)

76

한국

인물
- 정약용 (1762~1836)
- 김정호 (?~?)
- 주시경 (1876~1914)
- 김구 (1876~1949)
- 안창호 (1878~1938)
- 안중근 (1879~1910)
- 우장춘 (1898~1959)
- 방정환 (1899~1931)
- 유관순 (1902~1920)
- 윤봉길 (1908~1932)
- 이중섭 (1916~1956)
- 백남준 (1932~2006)
- 이태석 (1962~2010)

사건
- 이승훈 천주교 전도 (1784)
- 최제우 동학 창시 (1860)
- 김정호 대동여지도 제작 (1861)
- 강화도 조약 체결 (1876)
- 지석영 종두법 전래 (1879)
- 갑신정변 (1884)
- 동학 농민 운동, 갑오개혁 (1894)
- 대한 제국 성립 (1897)
- 을사조약 (1905)
- 헤이그 특사 파견, 고종 퇴위 (1907)
- 한일 강제 합방 (1910)
- 3·1 운동 (1919)
- 어린이날 제정 (1922)
- 윤봉길·이봉창 의거 (1932)
- 8·15 광복 (1945)
- 대한민국 정부 수립 (1948)
- 6·25 전쟁 (1950~1953)
- 10·26 사태 (1979)
- 6·29 민주화 선언 (1987)
- 서울 올림픽 개최 (1988)
- 북한 김일성 사망 (1994)
- 의약 분업 실시 (2000)

시대 구분
조선 시대 | 1876 개화기 | 1897 대한 제국 | 1910 일제 강점기 | 1948 대한민국

연표
1700 1800 1850 1860 1870 1880 1890 1900 1910 1920 1930 1940 1950 1970 1980 1990 2000

근대 사회 | 1900 현대 사회

세계

사건
- 미국 독립 선언 (1776)
- 프랑스 대혁명 (1789)
- 청·영국 아편 전쟁 (1840~1842)
- 미국 남북 전쟁 (1861~1865)
- 베를린 회의 (1878)
- 청·프랑스 전쟁 (1884~1885)
- 청·일 전쟁 (1894~1895)
- 헤이그 평화 회의 (1899)
- 영·일 동맹 (1902)
- 러·일 전쟁 (1904~1905)
- 제1차 세계 대전 (1914~1918)
- 러시아 혁명 (1917)
- 세계 경제 대공황 시작 (1929)
- 제2차 세계 대전 (1939~1945)
- 태평양 전쟁 (1941~1945)
- 국제 연합 성립 (1945)
- 소련 세계 최초 인공위성 발사 (1957)
- 제4차 중동 전쟁 (1973)
- 소련 아프가니스탄 침공 (1979)
- 미국 우주 왕복선 콜럼비아호 발사 (1981)
- 독일 통일 (1990)
- 유럽 11개국 단일 통화 유로화 채택 (1998)
- 미국 9·11 테러 (2001)

인물
- 워싱턴 (1732~1799)
- 링컨 (1809~1865)
- 가우디 (1852~1926)
- 라이트 형제 (형, 윌버 1867~1912 / 동생, 오빌 1871~1948)
- 아문센 (1872~1928)
- 헬렌 켈러 (1880~1968)
- 테레사 (1910~1997)
- 마틴 루서 킹 (1929~1968)
- 스티븐 호킹 (1942~2018)
- 오프라 윈프리 (1954~)
- 페스탈로치 (1746~1827)
- 나이팅게일 (1820~1910)
- 마리 퀴리 (1867~1934)
- 슈바이처 (1875~1965)
- 아인슈타인 (1879~1955)
- 만델라 (1918~2013)
- 스티브 잡스 (1955~2011)
- 모차르트 (1756~1791)
- 파브르 (1823~1915)
- 노벨 (1833~1896)
- 나폴레옹 (1769~1821)
- 에디슨 (1847~1931)
- 간디 (1869~1948)
- 빌 게이츠 (1955~)

2021년 6월 25일 2판 4쇄 **펴냄**
2014년 2월 25일 2판 1쇄 **펴냄**
2008년 6월 20일 1판 1쇄 **펴냄**

펴낸곳 (주)효리원
펴낸이 윤종근
글쓴이 심상우 · **그린이** 김태현
등록 1990년 12월 20일 · **번호** 2-1108
우편 번호 03147
주소 서울시 종로구 삼일대로 457, 1206호
대표 전화 02)3675-5222 · **편집부** 02)3675-5225
팩시밀리 02)765-5222

ⓒ 2008 · 2014, (주)효리원

ISBN 978-89-281-0341-6 64990
홈페이지 www.hyoreewon.com